Que duermas bien, pequeño lobo

Schlof gutt, klenge Wollef

Un libro ilustrado en dos lenguas

Ulrich Renz · Barbara Brinkmann

Que duermas bien, pequeño lobo

Schlof gutt, klenge Wollef

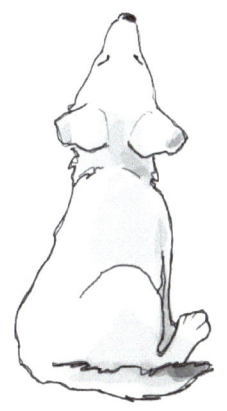

Traducción:

Anneli Landmesser (español)

Maurice P. Heinz (luxemburgués)

Audiolibro y vídeo:

www.sefa-bilingual.com/bonus

Acceso gratuito con la contraseña:

español: **LWES1428**

luxemburgués: **Sorry, audio or video is not yet available in this language.**

Estamos trabajando para que tantos de nuestros libros bilingües como sea posible estén disponibles como audiolibros y vídeos. Estamos trabajando para que tantos de nuestros libros bilingües como sea posible estén disponibles como audiolibros. Si aún no hay una versión de audio en tu idioma, ¡por favor ten paciencia! Puedes consultar nuestro „Asistente de idiomas" para obtener las últimas actualizaciones: www.sefa-bilingual.com/languages

¡Buenas noches Tim! Seguiremos buscando mañana.

Ahora ¡que duermas bien!

Gutt Nuecht, Tim! Mir siche muer weider.

Schlof lo gutt!

Afuera ya ha oscurecido.

Dobaussen ass et schonn däischter.

¿Qué está haciendo Tim ahí?

Wat mécht den Tim dann do?

Se está yendo al parque infantil.

¿Qué está buscando ahí?

E geet eraus, op d'Spillplaz.

Wat sicht hien do?

¡El pequeño lobo!

No puede dormir sin él.

De klenge Wollef!

Ouni dee kann hien net schlofen.

¿Quién viene ahí?

Wie kënnt dann do?

¡Marie! Está buscando su pelota.

D'Marie! Hatt sicht säi Ball.

¿Y qué está buscando Tobi?

A wat sicht den Tobi?

Su excavadora.

Säi Bagger.

¿Y qué está buscando Nala?

A wat sicht d'Nala?

Su muñeca.

Seng Popp.

¿No tienen que ir a dormir los niños?

El gato se sorprende mucho.

Mussen d'Kanner net an d'Bett?

D'Kaz wonnert sech nawell.

¿Quién viene ahora?

Wie kënnt dann elo?

¡La mamá y el papá de Tim!

Ellos no pueden dormir sin su Tim.

Dem Tim seng Mama a säi Papa!

Ouni hiren Tim kënne si net schlofen.

¡Y ahí vienen aún más! El papá de Marie.
El abuelo de Tobi. Y la mamá de Nala.

An do kommen der nach méi! Dem Marie säi Papp.
Dem Tobi säi Bopa. An dem Nala seng Mamm.

¡Ahora rápido a la cama!

Lo awer séier an d'Bett!

¡Buenas noches Tim!

Mañana ya no tendremos que buscar más.

Gutt Nuecht, Tim!

Muer musse mer net méi sichen.

¡Que duermas bien, pequeño lobo!

„Schlof gutt, klenge Wollef!"

Los autores

Ulrich Renz nació en 1960 en Stuttgart (Alemania). Después de estudiar literatura francesa en París, se graduó en la facultad de medicina de Lübeck y trabajó como director de una editorial científica. Hoy en día trabaja como publicista autónomo y, además de escribir libros de divulgación científica, escribe cuentos y libros infantiles.

www.ulrichrenz.de

Barbara Brinkmann nació en 1969 en Munich (Alemania) y creció en los Prealpes Bavareses. Estudió arquitectura en Munich y actualmente es investigadora asociada en la Facultad de Arquitectura de la Universidad Técnica de Munich. Además, trabaja como diseñadora gráfica, ilustradora y autora independiente.

www.bcbrinkmann.de

¿Te gusta pintar?

Aquí encontrarás las ilustraciones de la historia para colorear:

www.sefa-bilingual.com/coloring

¡Diviértete!

Los cisnes salvajes

Basado en un cuento de hadas de Hans Christian Andersen

► Edad recomendada: a partir de 4-5 años

„Los cisnes salvajes» de Hans Christian Andersen de buena razón es uno de los cuentos más leídos del mundo. De forma atemporal enfoca temas del drama humano: miedo, valentía, amor, traición, separación y reencuentro.

¿Disponible en tus idiomas?

► Consulta nuestro „Asistente de idiomas" :

www.sefa-bilingual.com/languages

Mi sueño más bonito

▶ Edad recomendada: a partir de 2-3 años

Lulu no puede dormir. Todos sus peluches ya están durmiendo – el tiburón, el elefante, el ratoncito, el dragón, el canguro, y el pequeño leoncito. Al oso también se le cierran casi los ojos ...

Oye osito, ¿Me llevas contigo a tu sueño?

Así empieza para Lulu un viaje que la llevará a través de los sueños de sus peluches – y acabará en su sueño más bonito.

¿Disponible en tus idiomas?

▶ Consulta nuestro „Asistente de idiomas" :

www.sefa-bilingual.com/languages

© 2024 by Sefa Verlag Kirsten Bödeker, Lübeck, Germany

www.sefa-verlag.de

Special thanks for his IT support to our son, Paul Bödeker, Freiburg, Germany

ISBN: 9783739902524